Gudrun Röhm

Schultüten
bunt und lustig

CHRISTOPHORUS

BRUNNEN-REIHE

SEIT MEHR ALS 30 JAHREN STEHT
DER NAME „CHRISTOPHORUS" FÜR
KREATIVES UND KÜNSTLERISCHES
GESTALTEN IN FREIZEIT UND BERUF.
GENAUSO WIE DIESER BAND
DER BRUNNEN-REIHE IST JEDES
CHRISTOPHORUS-BUCH MIT
VIEL SORGFALT ERARBEITET: DAMIT
SIE SPASS UND ERFOLG BEIM
GESTALTEN HABEN – UND FREUDE
AN SCHÖNEN ERGEBNISSEN.

© 1997 Christophorus-Verlag GmbH
Freiburg im Breisgau

Alle Rechte vorbehalten -
Printed in Germany

ISBN 3-419-55894-5

2. Auflage 1997

Jede gewerbliche Nutzung der Arbeiten und
Entwürfe ist nur mit Genehmigung der
Urheberin und des Verlages gestattet. Bei
Anwendung im Unterricht und in Kursen ist auf
diesen Band der Brunnen-Reihe hinzuweisen.

Styling und Fotos: Peter Nielsen, Umkirch
Reinzeichnungen: Uwe Stohrer, Freiburg
Umschlaggestaltung: Network!, München
Produktion: Print Production, Umkirch
Druck: Freiburger Graphische Betriebe, 1997

CHRISTOPHORUS
Bücher mit Ideen

Inhalt

Zum Schulanfang eine selbstgestaltete Schultüte

Endlich ist es soweit: Der erste Schultag, das ganz besondere Ereignis! Damit dieser erste Schritt ins ernsthaftere Leben leichter fällt, gibt es die große gefüllte Schultüte, auf die sich alle Kinder freuen. Wichtig ist es, daß es die allerschönste, originellste oder witzigste Tüte ist – vor allem eine selbstgestaltete. Sie trägt sicherlich dazu bei, daß der Einschulungstag der Kleinen ganz bestimmt zu einem unvergeßlichem Ereignis wird.

Die Tüten entstehen aus den unterschiedlichsten Materialien wie z.B. Fotokarton, Wellpappe, Moosgummi, Filz, Velourspapier, Tonkarton und Strickschläuche.

Und was kommt in die Tüte? Außer ein paar Leckereien können nun noch Mal- und Kreidestifte,

lustige Radiergummis und andere Utensilien für die Schule ihren Platz finden. Natürlich dürfen auch ein paar kleine Spielsachen nicht fehlen. Aber dieses große Geheimnis wird erst am Einschulungstag gelüftet.

Nun wünsche ich Ihnen und Ihrem Erstkläßler beim Auswählen der Tüte, beim Gestalten, beim Füllen aber auch beim anschließenden Öffnen viel, viel Spaß und einen wunderschönen, unvergeßlichen ersten Schultag zusammen mit der Familie und Freunden.

Herzlichst
Ihre

Material und Hilfsmittel

M a t e r i a l

◆ Fotokarton,
  Wellpappe
  (50 x 70 cm),
  Moosgummi,
  Velourspapier,
  Kreppapier
◆ Verschiedene
  Bänder und
  Kordeln
◆ Klebstoffe:
  Kontaktkleber
  (z.B. UHU
  Alleskleber
  Kraft)
◆ Sekunden- bzw.
  Heißkleber
  (nicht für
  Kinder
  geeignet!)
  oder
  doppelseitiges
  Klebeband
◆ Wackelaugen

Schultüten-Rohlinge
Im Fachhandel sind Schultüten-Rohlinge bzw. -Zuschnitte aus Tonkarton oder Wellpappe in verschiedenen Größen als runde oder sechseckige Spitztüten erhältlich. Sie können aber auch die Spitztüte nach den Maßangaben vom Vorlagebogen anfertigen. Die hier verwendeten Rohlinge haben eine Länge von 68 cm und einen Durchmesser von 20 cm.

So entsteht eine Schultüte
Auf dem Vorlagebogen finden Sie mit Maßangaben verkleinerte Schnittvorlagen für folgende Spitztüten:
• Dreieckige Tüte (groß und klein)
• Viereckige Tüte
• Runde Spitztüte

❶ Die Tütenform zuschneiden. Die kleinen Rundungen der eckigen Tüten können Sie mit einem Zirkel aufzeichnen. Bei der großen Rundung der Spitztüten müssen Sie jedoch einen an Bindfaden gebundenen Bleistift zur Hilfe nehmen. Das Ende des Fadens mit dem Daumen festhalten und den runden Abschluß zeichnen.

❷ Schließen Sie die Längsnaht der Tüte an der seitlichen Klebelasche mit Heißkleber (besonders hilfreich bei Wellpappe-Tüten), mit Kontaktkleber oder mit doppelseitigem Klebeband (evtl. mit einem Gummiband fixieren).

❸ Wichtig ist bei den runden Spitztüten, daß Sie das Papier vorher gut runden: Einige Male kräftig über eine Tischkante ziehen. Bei den eckigen Tüten müssen Knicklinien und seitliche Klebelasche mit einem Falzbein, o.ä. gut vorgefalzt werden.

4 Effektvoll und praktisch ist die Ergänzung mit einer zusätzlichen Spitze, die bei den runden Spitztüten aus einem Viertelkreis entsteht. Bei den eckigen Tüten werden die dreieckigen Spitzen geringfügig größer als das Original zugeschnitten und jedes Seitenteil einzeln aufgeklebt. Die Kantenabschlüsse können zackig (Zackenschere), mit Grasspitzen oder Rundungen zugeschnitten werden.

5 Abschlußmanschette: Hierfür benötigen Sie Kreppapier im Maß 130 x 40 cm. Bei doppelten Manschetten wird das äußere Teil nur 35 cm breit. Sie können das vorher gefaltete Kreppapier mit einer Zackenschere zuschneiden und mit Bogen- oder Spitzenformen versehen.
Die Manschetten werden mit Heißkleber im Tütenrand fixiert. Kräuseln Sie dabei das Kreppapier leicht oder legen Sie es in kleine Falten. Dabei wird es auf den Klebstoff gedrückt und etwas geschoben.

Mehrlagige Manschetten vorher zusammenkleben oder nacheinander im Tütenrand befestigen.

Anfertigen der Motive
1 Die Vorlage wird auf Transparentpapier durchgezeichnet und auf dünnen Karton geklebt. Die Motivkonturen ausschneiden.

2 Die Form wird mit Bleistift auf die glatte Rückseite der Wellpappe oder des Velourspapier, bei Moosgummi, Filz, und Tonkarton auf der Vorderseite aufgezeichnet und auf einer Unterlage (Cut-Platte oder starker Karton)ausgeschnitten.

3 Kleben Sie die einzelnen Motivteile zusammen, und bringen Sie die restlichen Ergänzungen mit wasserfesten Filzstiften oder Farben an. Das Motiv auf der Tüte festkleben.

Hilfsmittel
Grundsätzlich wird benötigt:
◆ **Cutter, Schere, Zackenschere**
◆ **Schneideunterlage (z.B. Cut-Platte)**
◆ **Metallineal, Zirkel**
◆ **Falzbein, stumpfes Messer, Stricknadel o.ä. (zum Falzen der Knicklinien)**
◆ **Transparentpapier sowie dünner Karton zur Schablonenherstellung**
◆ **Wasserfeste Filzstifte in Schwarz und Rot für farbliche Ergänzungen**

5

Schmetterlinge und Tulpen

❶ Die Kanten des sechseckigen Schultüten-Rohlings knicken.

❷ Einen Streifen Tonkarton mit 60 x 5 cm anfertigen und mit dem Motivlocher Schmetterlinge ausstanzen, so daß auf jeder Seite zwei Schmetterlinge, also insgesamt 12 Stück, den Randstreifen zieren.

❸ Den vorgefertigten gelben Schmetterlings-Streifen am oberen Rand kantig mit dem UHU stic festkleben.

❹ Die Naht der Tüte am besten mit Heißkleber oder doppelseitigem Klebeband schließen.

❺ Mit den Motivlochern werden aus Tonkarton und Regenbogen-Buntpapier Schmetterlinge und Tulpen ausgestanzt. Die ausgestanzten Motive auf der Tüte anordnen und festkleben.

❻ Zuerst die lilafarbene Manschette (130 x 35) cm in den Tütenrand einkleben, danach die gelbe (130 x 40 cm). Diese erhält einen gezackten Bogenabschluß mit der Zackenschere.

❼ Die Tüte mit einer Buntkordel zusammenbinden.

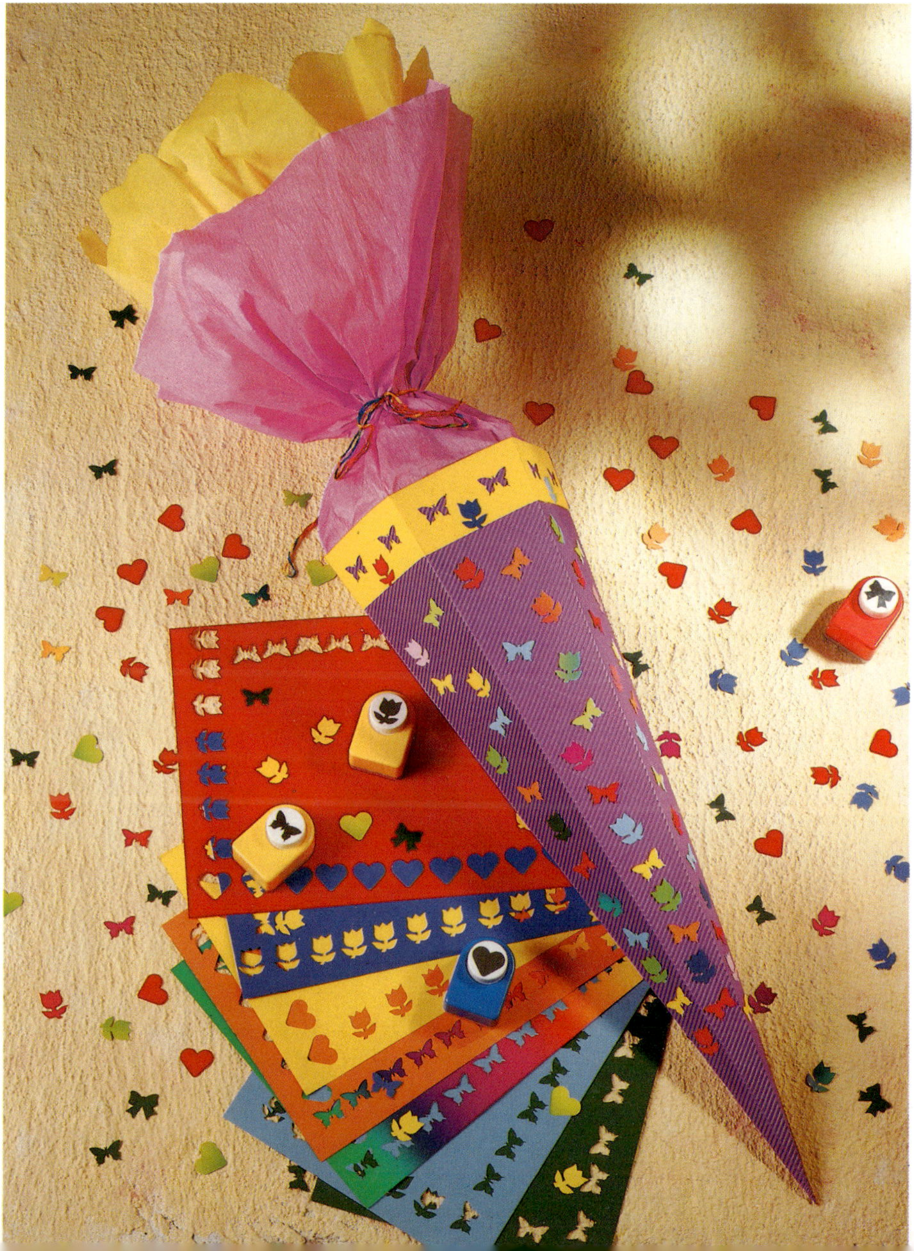

Material

- Schultüten-Rohling, sechseckig in Wellpappe
- Wellpappe in Lila
- Kreppapier in Lila, Gelb
- Tonkarton in Gelb
- Tonpapier und Regenbogen-Buntpapier (zum Ausstanzen) in versch. Farben
- Buntkordel, 1 m

Hilfsmittel

- Motivlocher: Schmetterling, Tulpe
- UHU stic

Alle meine Gänschen

Material

◆ Regenbogen-
   Wellpappe
◆ Moosgummi
   (Stärke 2 mm)
   in Weiß, Rot,
   Gelb, Blau, Grün
◆ Moosgummi-
   Herzchen
◆ 3 Wackelaugen,
   7 mm ∅
◆ Dekoband, 2 m,
   4 cm breit
◆ Schmale Bunt-
   kordel, 20 cm

Vorlagen

◆ viereckige Tüte,
   A1 – A4

❶ Die Form für eine viereckige Tüte und für das separate Spitzenteil aus Regenbogen-Wellpappe zuschneiden. Sämtliche Kanten vorritzen, knicken und zusammenkleben.

❷ Die Seitenteile der Abschlußspitze fest einschlagen. Jede Spitze erhält ein Loch (Lochzange) zum Befestigen der Schleife.

❸ Den unteren Falzstreifen der Spitze mit dem Rand der Tüte paßgenau zusammenkleben. Die

Tip
Wenn diese obere Abschlußspitze zu aufwendig ist, kann sie ohne weiteres durch eine Kreppapier-Manschette ersetzt werden.

Seitennähte bleiben zum Aufklappen offen.

❹ Gemäß der Vorlagen die Gänsekörper, Flügel, Füße sowie Schnäbel und Schleifen zuschneiden. Die Moosgummi-Herzen sind fertige Stanzteile.

❺ Auf die Gänsekörper werden die Flügel geklebt. Ein Fuß wird jeweils darauf und der andere dahinter angeordnet. Den Schnabel kantig anpassen. Jeweils ein Wackelauge sowie die Schleifen mit Herzchen anbringen.

❻ Mit wasserfestem Filzstift Ergänzungen aufzeichnen und die fertigen Gänschen auf der Tüte anordnen.

❼ Die Spitze zuerst mit einer dünnen Kordel schließen und damit die Schleife befestigen.

Der besondere Bleistift
zum ersten Schultag

M a t e r i a l

◆ Verpackungs-
   röhre, 50 cm,
   15,5 cm ⌀
◆ Regenbogen-
   Wellpappe
◆ Packpapier und
   Tonkarton
◆ Tonpapier in
   Schwarz
◆ Moosgummi-
   Buchstaben

H i l f s m i t t e l

◆ evtl. Sprüh-
   kleber

V o r l a g e n

B1 und B2

❶ Die Bleistiftspitze wird wie eine Spitztüte gefertigt. Zur Verstärkung das Packpapier auf Tonkarton aufkleben, dann die große Spitze ausschneiden. Vor dem Kleben die Spitze gut in Form rollen und an der Klebestelle verbinden.

❷ Die Spitze wird am unteren Rand ca. 1 cm eingeschnitten und gerade über den Rand der Verpackungsröhre geklebt.

❸ Aus Tonkarton die kleine schwarze Spitze zuschneiden, anpassen und festkleben.

❹ Für die Verkleidung der Verpackungsröhre wird ein Rechteck in der Größe des Umfangs und der Länge der Röhre zugeschnitten.

❺ Stückchenweise immer wieder eine kleine Fläche mit Klebstoff einstreichen und darauf die Wellpappe andrücken. Mit Sprühkleber kann in einem Arbeitsgang gearbeitet werden. Die Ansatzstelle der Bleistiftspitze wird verdeckt.

❻ Die fertigen Buchstaben aufkleben.
Diese Tüte wird unten mit dem Kunststoffdeckel geöffnet bzw. geschlossen.

Stiftedose
Wellpappe im Zuschnitt der Größe und dem Umfang der entsprechenden Dose anpassen, festkleben und ebenfalls mit Buchstaben und Zahlen verzieren.

Kunterbunter, lustiger Drache

❶ Die Form einer viereckigen Tüte aus Wellpappe zuschneiden, die Kanten vorritzen, knicken und zusammenkleben.

❷ Zuerst die hellblaue Manschette (130 x 35 cm) einkleben, dann die dunkelblaue (130 x 40 cm). Beide Manschetten erhalten einen gezackten Bogenabschluß mit der Zackenschere.

❸ Die Drachenform aus Regenbogen-Wellpappe zuschneiden. In den Ecken links und rechts sowie in der Mitte unten jeweils ein Loch durchstechen.

❹ Gesichtsteile: Augen, Nase und Mund aus Velourspapier zuschneiden und festkleben. Den Mund aufmalen.

❺ Für den Schwanz und die Ohren werden ca. 14 Kreppapier-Rechtecke (7 x 4 cm) in der Mitte an einer Buntkordel zusammengeknotet.

❻ Schwanz und Ohrenteile an der Drachenform festknoten und diese auf die Tüte kleben. Den Schwanz teilweise auf der Tüte fixieren.

❼ Wolken und Sonne aus Velourspapier zuschneiden und anordnen. Auf die Sonne Wackelaugen aufkleben und einen Mund aufmalen.

❽ Die grüne Velourspapier-Spitze (22 cm lang) in Form der Tütenspitze zuschneiden. Die Abschlußkante erhält kleine Graszacken.

❾ Die Tüte noch mit einem Band verschließen.

Der Rennfahrer

❶ Die Form einer viereckigen Tüte aus Wellpappe zuschneiden, die Kanten vorritzen und knicken.

❷ Für den Platz des Rennfahrers muß in der Mitte eines Teils ein Ausschnitt laut Zeichnung vorgenommen werden. Dieser Ausschnitt wird mit einem Rand von ca. 2 cm etwas tiefer festgeklebt, so daß der Rennfahrer Platz nehmen kann.

❸ Tüte mit Klebstoff oder doppelseitigem Klebeband schließen.

❹ Rennstreifen aus gelbem Moosgummi zuschneiden und festkleben. Den oberen Streifen nach Maßangaben der Zeichnung, die seitlichen in den Maßen 39 x 39 x 8 cm herstellen. Die Abschlußrundungen werden jeweils der Form der Tüte angepaßt.

❺ Die Räder in zwei verschiedenen Größen aus schwarzem und gelbem Moosgummi zuschneiden. Das gelbe Innenteil wird kantig in die Rundung des Rads geklebt. Anschließend die vier Räder befestigen und so ausrichten, daß das Auto auch gerade stehen kann.

❻ Aus einer etwas begradigten Moosgummi-Kugel (35 mm ⌀) und jeweils aus zwei halbierten, einer grünen und einer hautfarbenen Kugel (25 mm ⌀), wird der Rennfahrer zusammengeklebt. Die Brille und das Schild am Kopf anbringen.

❼ Die grüne Hohlschnur für die Arme um den Oberkörper kleben und die Enden am Lenkrad befestigen. Das Lenkrad laut Zeichnung zuschneiden. Ein kleines Hohlschnur-Stück dient als Lenkradsäule.

Den Überrollbügel gebogen hinter dem Fahrersitz fixieren.

8 Lange Spitzen mit der Zackenschere in die Kreppapier-Manschetten schneiden. Zuerst die gelbe (130 x 35 cm), dann die rote Manschette (130 x 40 cm) in die Tüte einkleben und mit dem Band verschließen.

Siftebox
Spitze in gleicher Größe (Länge: 30 cm) wie Schultüte zuschneiden. Unter- und Oberseite werden aus Stabilitätsgründen innen mit Moosgummi beklebt.
Mit einem Kreisschneider werden 10 Löcher für Stifte ausgeschnitten.
Die Spitze zusammenkleben. Das Endstück mit einem passenden Abschlußteil schließen (ca. 8 x 8 cm). Mit zwei Seitenstreifen von 20 x 3 x 20 cm verzieren. Die Räder aus Moosgummi (4 und 5 cm ⌀) mit einem kleinen Punkt anfertigen.

◆ Dekoband in Rot, 140 cm, 2 cm breit

H i l f s m i t t e l
Kreisschneider

V o r l a g e n
viereckige Tüte mit Bogenabschluß, D1 bis D7

Vorsicht Ampel

Material

- Schultüten-Rohling in Gelb
- Tonkarton in Schwarz, Weiß
- Kreppapier in Rot, Grün
- Moosgummi (Stärke 2 mm) in Dunkel- u. Hellgrün, Gelb, Rot
- Moosgummi-Verkehrszeichen
- Satinbändchen in Rot, Gelb, Grün je 2 m, 4 mm

Vorlagen

E1 und E2

❶ Den Schultüten-Rohling gut gerollt in Form bringen und zusammenkleben.

❷ Die Rundungen der Kreppapier-Manschetten mit einer Zackenschere schneiden. Dann die rote (130 x 35 cm), danach die grüne (135 x 40 cm) Manschette einkleben.

❸ Die Grundform der Ampel zuschneiden und darauf die drei Scheiben anordnen.

❹ Drei Bogenteile kantig am oberen Rand der „Ampellichter" festkleben.

❺ Die Spitze (19 cm lang) aus einem Viertelkreis aus schwarzem Tonkarton schneiden und mit fünf Streifen (1,5 cm breit) für den „Zebrastreifen" bekleben.

❻ Spitze schließen und der Tüte anpassen.

❼ Die restliche Fläche mit Verkehrszeichen-Stanzteilen verzieren. Die Tüte wird mit drei Satinbändchen in den Ampelfarben verschnürt.

Stifteschachtel

Eine Pappschachtel wird mit gelbem Tonkarton beklebt und mit Verkehrszeichen dekoriert.
Witzig sind auch die dazu passenden Ohrhänger.

Noch ein Tor!

Material

- ◆ Schultüten-
  Rohling
  in Grün
- ◆ Kreppapier
  in Dunkelblau
- ◆ 60 cm Jute-
  Rupfen
  (16 cm breit)
- ◆ Moosgummi
  (Stärke 1 mm)
  in Dunkelgrün,
  Weiß, Schwarz
- ◆ Dekoband
  in Rot, 140 cm,
  2 cm breit

Vorlagen
F1 bis F3

❶ Den Schultüten-Rohling gut gerollt in Form bringen und zusammenkleben.

❷ Die Spitze (19 cm lang) aus grünem Moosgummi aus einem Viertelkreis ausschneiden. Der obere Rand wird mit der Zackenschere gestaltet. Die Spitze anpassen und festkleben.

❸ Ein Streifen von 52 cm x 2 cm wird beidseitig zackig zugeschnitten und als Abschluß auf der Tüte befestigt.

❹ In den Tütenausschnitt wird zuerst ein Stück Jute-Rupfen für das „Tor" geklebt.

❺ Die Rundungen der Kreppapier-Manschette (130 x 40 cm) mit einer Zackenschere schneiden. Dann auf dem Jute-Rupfenstück befestigen.

❻ Für die Bälle die weißen Scheiben in verschiedenen Größen zuschneiden. Dann die schwarzen Teile fertigen und aufkleben. Mit schwarzem Filzstift werden die Verbindungslinien gezogen.

❼ Bälle in beliebiger Zahl anordnen und festkleben.

Stiftebox
Die Stiftebox aus Pappe wird mit grünem Moosgummi (Stärke 1 mm) beklebt und mit einem Ball verziert.

Tip:
Wenn die Moosgummibälle zu aufwendig sein sollten, können Sie die Vorlage auch auf weißen Tonkarton kopieren, ausschneiden und aufkleben. So geht es schneller!

Ein fröhlicher Clown

Material

- Wellpappe
  in Gelb
- Kreppapier
  in Rot, Grün
- Moosgummi
  (Stärke 2 mm)
  in Haut, Weiß,
  Schwarz, Rot,
  Blau, Gestreift,
  Grün, Schwarz,
  Hellbraun
- Moosgummi-
  Herzen, -
  Buchstaben
- Plüschhaare
- Moosgummi-
  Kugel in Rot,
  25 mm ⌀
- Dekoband,
  140 cm,
  2,5 cm breit
- Kleiner Bleistift
- Schwamm-
  stückchen

❶ Die Form einer viereckigen Tüte aus Wellpappe zuschneiden, die Kanten vorritzen, knicken und zusammenkleben.

❷ Den Abschluß der roten Krepp-papier-Manschette in Herzform schneiden, die grüne erhält einen geraden Zuschnitt mit der Zacken-schere. Zuerst die rote (130 x 35 cm) und danach die grüne Manschette (130 x 40 cm) am Tütenrand festkleben.

❸ Für den Clownkörper das blaue Oberteil auf die Hose kleben, die Arme befestigen, darauf folgt der Kopf mit den weißen Gesichtsteilen sowie den beiden kleinen Herz-chen. Als Nase wird eine halbierte Moosgummi-Kugel plaziert, dann folgt das schwarze Hütchen mit dem Herz. Hinter dem Kopf die Plüschhaare festkleben.
Schleife mit Herzchen befestigen.

❹ Tafel laut Vorlagebogen anfer-tigen und vor dem Festkleben der Hände anordnen.
Auf der schwarzen Grundplatte wird der braune Rahmen fixiert. Buchstaben festkleben.

❺ Die Schuhe hinter den Hosen-beinen befestigen. Farbliche Ergänzungen und Zeichnungen vornehmen.

❻ Den fertigen Clown auf der Tüte plazieren, den kleinen Blei-stift und das Schwammstückchen festbinden und die restliche Fläche der Tüte mit Herzchen in verschiedenen Größen dekorie-ren.

❼ Die Tüte mit einem Herzband dekorativ verschließen.

Hilfsmittel

◆ **Stoffmalfarbe**
  in Weiß

Vorlagen
viereckige Tüte mit
Bogenabschluß,
G1 bis G3

Auch die Zwergenschule geht los!

Material

- Wellpappe in Blau
- Kreppapier in Gelb, Rot
- Filz in Rot, Weiß, Haut, Gelb, Grün, Schwarz
- Wackelaugen, 10 mm ⌀ mit Lichtpunkten
- Dekoband mit Zwergen, 140 cm, 5 cm breit
- Buntkordel, 15 cm

Vorlagen

viereckige Tüte mit Bogenabschluß, H1 bis H3

❶ Die Form einer viereckigen Tüte aus Wellpappe mit gezacktem Bogenabschluß zuschneiden, die Kanten vorritzen und knicken.

❷ Tüte mit Klebstoff oder doppelseitigem Klebeband schließen.

❸ Den Abschluß der beiden Kreppapier-Manschetten mit einer Zackenschere in Bogenform schneiden. Zuerst die gelbe (130 x 35 cm), danach die rote Manschette (130 x 40 cm) am Tütenrand festkleben.

❹ Den Zwerg direkt auf die Tüte kleben und zwar zuerst die roten Strümpfe, darauf die Schuhe und die Hose, dann das Kittelchen. Die Arme mit den Händen nur im oberen Bereich festkleben. Nun folgt der Kopf mit Bart und Haaren, dann die Mütze.

❺ Wackelaugen aufkleben, Mund und Nase aufzeichnen.

❻ Eine kleine Schultüte zuschneiden, falzen und zusammenkleben. Aus einem Streifen gelbem Kreppapier (ca. 20 x 8 cm) entsteht die Manschette, diese mit einem kurzen Stück Buntkordel verschließen.

❼ Die kleine Tüte anordnen und die Hände daran festkleben.

❽ Blumen in verschiedenen Größen ausschneiden, die große Blume aufeinanderkleben und anordnen. Schultüte dekorativ mit einem Band verschließen.

Marienkäferchen

❶ Die Form einer dreieckigen Tüte aus Wellpappe zuschneiden, die Kanten vorritzen, knicken und zusammenkleben.

❷ Den Abschluß der Kreppapier-Manschette (130 x 40 cm) mit einer Zackenschere in Bogenformen schneiden und in der Tütenöffnung festkleben.

❸ Entlang der oberen Abschluß-kante das gleiche Dekoband wie für den Verschluß festkleben.

❹ Marienkäfer: Hinter das rote Flügelteil die Arme und Beine sowie die Körperspitze festkleben. Darauf den Kopf aus Tonkarton mit schwarzem Kopfteil aus Velourspapier anordnen.

❺ Die Punkte aufkleben und das Gesicht und die Flügellinie mit Filzstift aufmalen.
Die Marienkäfer auf der Tüte plazieren. Mit einem Motivband die Tüte verschließen.

Zwei Pinguine

Material

- **Tonkarton**
  in Hellblau
- **Kreppapier**
  in Dunkelblau
- **Alukrepp**
  in Silber
- **Velourspapier**
  in Schwarz,
  Weiß, Orange
- **Wackelauge,**
  15 mm ⌀
- **Wackelauge,**
  20 mm ⌀ mit
  Lichtpunkt

Strickschlauch
großer Pinguin

- **Mütze:**
  20 cm gestreift,
  6 cm breit
- **Schal:**
  50 cm gestreift,
  1,5 cm breit

Auch eine Tüte für das Geschwisterchen!

❶ Die Form der großen und kleinen dreieckigen Tüte aus Tonkarton zuschneiden, die Kanten vorritzen, knicken und mit Klebstoff oder Klebeband zusammenkleben.

❷ Die weiße Veloursspitze (25 cm lang) in drei Teilen entsprechend der Form der Tüte mit zackigem Abschluß zuschneiden.

❸ In die Kreppapier-Manschetten Zacken in unterschiedlicher Länge einschneiden. Zuerst die blaue (130 x 35 cm), dann die silberfarbene Alukrepp-Manschette (130 x 40 cm) in der Tütenöffnung festkleben.

❹ Aus Tonkarton zuerst den gesamten Umriß des Pinguins ausschneiden. Den Bauch, dann das schwarze Kopf- und Bauchteil sowie die Füße kantig auf der Grundform anpassen. Darauf die Flügel, den Schnabel, den Augenkreis mit Wackelauge sowie das orangefarbene Bäckchen fixieren. Die Schnabellinie mit Filzstift aufmalen.

❺ Strickschläuche für die Mützen nach links drehen und das Ende zusammennähen, wenden und einen Pompon festkleben. Das untere Teil aufrollen und die Mütze aufsetzen.

❻ Für die Schals und Tütenbänder die Enden nach innen einschlagen und jeweils einen Pompon aufkleben. Die Tüten dekorativ mit dem Strickschlauch-Band verschließen.

- ◆ Band:
  90 cm gestreift,
  3 cm breit
- ◆ 1 weißer und
  4 rote Pompons
  (20 und
  25 mm ⌀)

Strickschlauch
kleiner Pinguin

- ◆ **Mütze:**
  15 cm rot,
  4 cm breit
- ◆ **Schal:**
  45 cm rot,
  1,5 cm breit
- ◆ **Band:**
  85 cm rot,
  1 cm breit
- ◆ **5 Pompons**
  (15 mm ⌀)

Hilfsmittel

- ◆ Faden und
  Nadel

Vorlagen
dreieckige Tüten,
J1 und J2

Wo ist der Tiger?

❶ Den Schultütenrohling gut gerollt in Form bringen und zusammenkleben.

❷ Für den Abschluß der beiden Kreppapiermanschetten Zacken in Blattform einschneiden. Dann zuerst die dunkelgrüne (130 x 35 cm) danach die hellgrüne Manschette (130 x 40 cm) in der Tütenöffung festkleben.

❸ Die Spitze (17 cm lang) aus schwarzem Tonkarton aus einem Viertelkreis ausschneiden, anpassen und aufkleben. Für den Kordelschwanz wird die Spitze um ca. 1,5 cm, je nach Dicke der Kordel, gekürzt. Den Schwanz in der abgeschnittenen Spitze festkleben.

❹ Die beiden Kopfteile in Beige und Gelb ausschneiden und verbinden. Darauf die Ohren, die

Augen mit der schwarzen Pupille und einem kleinen weißen Lichtpunkt fixieren. Danach wird das rote Mundteil, darauf das weiße Schnauzenteil, die lange braune Nase mit schwarzem Teil festgeklebt. Mit schwarzem Filzstift die Verzierungen aufmalen.

❺ Arme und Beine aus gelbem Moosgummi zuschneiden und schwarz umranden, bemalen und zusammen mit dem Kopf anordnen. Nach Belieben Streifen aus Tonkarton in verschiedenen Formen und Größen aufkleben. Die Tüte dekorativ mit der schwarzen Kordel (1,10 m) verschließen.

Ein Krokodil geht zur Schule

❶ Die Form einer dreieckigen Tüte aus Wellpappe zuschneiden, die Kanten vorritzen, knicken und zusammenkleben.

❷ Den Abschluß der beiden Kreppapier-Manschetten in Bogenform schneiden. Zuerst die dunkelblaue (130 x 35 cm) danach die hellblaue Manschette (130 x 40 cm) am Tütenrand festkleben.

❸ Die grüne Moosgummi-Spitze (ca. 31 cm lang) in drei Teilen entsprechend der Tütenform mit zackigem Abschluß zuschneiden.

❹ Das rote Mundteil anpassen, darauf die Schnauze mit den Zähnen. Danach die Augen und das gelbe Bauchteil mit aufgemalten Streifen anordnen. Ein Bein wird auf dem Körper, das andere dahinter angeordnet. Die Rückenzacken hinter dem Körper festkleben.

❺ Die Form des Schulranzens wird mit einem Streifen von ca. 17 cm x 0,8 cm umklebt, damit ein Abstand entsteht. Den Arm zusammen mit dem 11 cm langen Träger und Schulranzen sowie dem Bleistift befestigen.

❻ Hellgrüne Flecken in unterschiedlicher Größe auf den Körper kleben und restliche Zeichnungen mit dem Filzstift vornehmen.

❼ Auf die Grasspitze und auf das Dekoband bunte Blümchen kleben und die Schultüte damit dekorativ verschließen.

Neben dieser Auswahl aus der Brunnen-Reihe haben wir noch viele andere Bücher im Programm. Wir informieren Sie gerne – fordern Sie einfach unsere neuen Prospekte an:

- **Bücher für Ihre Kinder:** Basteln, Spielen und Lernen mit Kindern
- **Bücher für Ihre Hobbys:** Stoff und Seidenmalerei, Malen und Zeichnen, Keramik, Floristik
- **Bücher zum textilen Handarbeiten:** Sticken, Häkeln und Patchwork

Wir sind für Sie da, wenn Sie Fragen zu AutorInnen, Anleitungen oder Materialien haben. Und wir interessieren uns für Ihre eigenen Ideen und Anregungen. Faxen, schreiben Sie oder rufen Sie uns an. Wir hören gerne von Ihnen! Ihr Christophorus-Verlag

Christophorus
Bücher mit Ideen

Hermann-Herder-Str. 4 / 79104 Freiburg i. Breisgau

Tel: 0761/2717-268 oder Fax: 0761/2717-